汉字六书

◎ 主编 金开诚

◎ 编著 王丽晶

吉林文史出版社

吉林出版集团有限责任公司

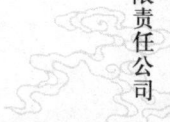

图书在版编目（CIP）数据

汉字六书／王丽晶编著．—长春：吉林出版集团
有限责任公司，2011.4（2022.1重印）
ISBN 978-7-5463-5048-6

Ⅰ．①汉… Ⅱ．①王… Ⅲ．①六书－通俗读物 Ⅳ.
①H122-49

中国版本图书馆 CIP 数据核字（2011）第 053521 号

汉字六书

HANZI LIUSHU

主编／金开诚 编著／王丽晶

项目负责／崔博华 责任编辑／崔博华　高原媛

责任校对／高原媛 装帧设计／李岩冰　赵 星

出版发行／吉林文史出版社 吉林出版集团有限责任公司

地址／长春市人民大街4646号 邮编／130021

电话／0431-86037503 传真／0431-86037589

印刷／三河市金兆印刷装订有限公司

版次／2011 年 4 月第 1 版　2022 年 1 月第 6 次印刷

开本／640mm×920mm 1/16

印张／9 字数／30千

书号／ISBN 978-7-5463-5048-6

定价／34.80元

编委会

主　任: 胡宪武

副主任: 马　竞　周殿富　董维仁

编　委（按姓氏笔画排列）：

于春海　　王汝梅　　吕庆业　　刘　野　　孙鹤娟

李立厚　　邴　正　　张文东　　张晶昱　　陈少志

范中华　　郑　毅　　徐　潜　　曹　恒　　曹保明

崔　为　　崔博华　　程舒伟

前　言

文化是一种社会现象，是人类物质文明和精神文明有机融合的产物；同时又是一种历史现象，是社会的历史沉积。当今世界，随着经济全球化进程的加快，人们也越来越重视本民族的文化。我们只有加强对本民族文化的继承和创新，才能更好地弘扬民族精神，增强民族凝聚力。历史经验告诉我们，任何一个民族要想屹立于世界民族之林，必须具有自尊、自信、自强的民族意识。文化是维系一个民族生存和发展的强大动力。一个民族的存在依赖文化，文化的解体就是一个民族的消亡。

随着我国综合国力的日益强大，广大民众对重塑民族自尊心和自豪感的愿望日益迫切。作为民族大家庭中的一员，将源远流长、博大精深的中国文化继承并传播给广大群众，特别是青年一代，是我们出版人义不容辞的责任。

本套丛书是由吉林文史出版社和吉林出版集团有限责任公司组织国内知名专家学者编写的一套旨在传播中华五千年优秀传统文化，提高全民文化修养的大型知识读本。该书在深入挖掘和整理中华优秀传统文化成果的同时，结合社会发展，注入了时代精神。书中优美生动的文字、简明通俗的语言、图文并茂的形式，把中国文化中的物态文化、制度文化、行为文化、精神文化等知识要点全面展示给读者。点点滴滴的文化知识仿佛颗颗繁星，组成了灿烂辉煌的中国文化的天穹。

希望本书能为弘扬中华五千年优秀传统文化、增强各民族团结、构建社会主义和谐社会尽一份绵薄之力，也坚信我们的中华民族一定能够早日实现伟大复兴！

目录

一、六书概说

汉字六书即象形、指事、会意、形声、转注、假借。这是周代晚期到汉代人们分析汉字构形时总结出来的六种造字方法。汉字文化博大精深，由象形文字发展而来。古老的汉字几经演变，最终作为表意文字流传下来，汉字在世界文明史上占有重要的位置，愿我国汉字在以后的历史进程中发扬光大。

六书即象形、指事、会意、形声、转注、假借。这是周代晚期到汉代人们分析汉字构形总结出来的六种造字方法。

六书之名最早见于《周礼·地官·保氏》："保氏掌管王恶，而养国子以道。乃教之六艺：一曰五礼，二曰六乐，三曰五射，四曰五驭，五曰六书，六曰九数。"但有学者认为《周礼》所记载的内容与周时制度不符合，认为是战国时期儒家学者所作。春秋战国时期的确形成过说字的风气。《韩非子》有云："自环者谓之私，背私者谓之公。"《左传》中对文字结构也有多处解释："夫文止戈为武""故文反正为乏"等。因此，学者们多认为六书的说法产生于战国时期。然而，这个时期的六书并没有形成体系。对六书进行系统整理工作，出现在两汉时期。

长期以来，在六书的由来问题上，学者们对六书的名称、次序多有不同意见。最早列举六书名目的当属古文经学家、目录学家刘歆。后班固在《汉书·艺文志》中沿袭了刘歆的说法："古者八岁入小学，故周官保氏掌养国子，教之六书；谓象形、象事、象意、象声、转注、假借，造字之本也。"班固的弟子郑众在注《周官·保氏》中说："六书，象形、会意、转注、处事、假借、谐声也。"到了东汉许慎时，他在《说文解字·叙》中说："周礼八岁入小学，保氏教国子先以六书。一曰指事。指事者，视而可识，察而见意，上下是也。二曰象形。象形者，画成其物，随体诘诎，日月是也。三曰形声。形声者，以事为名，取譬相成，江河是也。四曰会意。会意者，比类合谊，以见指伪，武信是也。五曰转注。转注者，建类一首，同意相受，考老是也。六曰假借。假借者，本无其字，依声托事，令长是也。"许慎师从贾逵，贾逵是刘歆的门

人。因此，许慎"六书说"也来源于刘歆，但许慎对刘歆的六书有所突破，不仅在名称上有改动，同时对"六书"进行了阐释，又举出了例字。后世学者一般采用许慎的"六书"名称，刘歆的"六书"顺序，除少数学者仍将形声称为"谐声"之外，六书的名称基本固定，但次序仍有争议。其实在造字之初，汉字是由图画发展而来的，象形又是与图画衔接最紧密的独体字。因此，将象形排在六书之首是合乎道理的。指事多是将特殊的标志性笔画附于象形之上，或省变其结构来表示其意义，将其顺序居于象形之后也是无可厚非的。会意与形声均为合体字，是以独体字为基础构成的，将其排在独体字之后，是符合事物发展规律的。转注、假借居于末位。转注是二字互训的结果，互训之前，二字是存在的；而假借是指出现了新事物需要表达，目前又没有造出合适的字, 只能用与它同音的字来代替, 这便脱离了该字造字的初衷, 于是将假借排在转注之后, 是理所当然的。尽管后世学者对六书的次序仍有分歧, 但多数人接受了刘歆的排列顺序。

东汉许慎的《说文解字》中共收集汉字9353个, 后人统计象形字占4.4%; 指事字占0.9%; 会意字占7.3%; 形声字占87.3%。

从汉字的基本构件来看, 构成汉字的各种符号, 不是拼音字母, 而是有其独特的意义, 因此, 汉字的构件数目极多。有些汉字本身是由一个符号构成, 我们将这类字叫"文", 也叫"独体字", 象形、指事字均为文, 例如: 鱼、马、水、火、木、人、羊、牛、鹿等。有些汉字是由两个或两个以上的符号组成, 我们将这类字叫"字", 也称"合体字", 会意、形声属于这类字, 例如: 即、男、印、臭、迹、铜、箕、芽等。

从六书总体分布来看，汉字的造字方式有失平衡。独体的象形字、指事字数目极少，合体字所占比重极大，其中指事字最少，形声字最多。

汉字的基本构件历来分类很多，为了不引起歧义，我们这里将汉字的构件分为形符和声符两大类。

形符是指与汉字意义有关的符号。由于汉字是表意符号，所以这里所说的形符除了包括形声字形符之外，还包括构成象形字、指事字、会意字中能够独立造字的符号。象形字的形符一般指象形字本身。这种形符是通过描绘事物的形象来表达意义的，如：鹿、象、犬等；指事字中的形符通常与简单的标记符号共同表意，如：寸、刃、甘等；会意字是用两个或两个以上的独体字根据意义之间的关系合成一个字，综合表示这些构字成分合成的意义，它与形符的关系主要看它的各个部

件使用的哪种造字法；形声字中的形符表示形声字所属意义范畴，如：铁、杏、说等。

汉字发展至今，形体经过多次变化，导致我们通过形符来认识汉字出现了局限。首先，形符的表意作用是笼统的、粗略的，它只能表明该字的意义范畴，只是一类事物或动作、性质的共性，而无法精确到具体意义。例如：须、额、项等均与"页"（古汉语中，"页"是头部的意思）有关，所表意义均与头联系，但我们看到以上几个字，却无法观察出胡须、前额、后颈之意。其次，许多形声字的形符被省略了一部分，即省形，使我们无法溯源，导致对意义的了解偏离造字的本义。例如："畫（画），界也，象田四界。晝（昼），日之出入，与夜为界，从畫省，从日；瓢，蠡也，从瓠省，贾声。"后人看来，如果不掌握形符本字，就不易准确理解字的意义。我们也要了解，省形在汉字发展过程中的

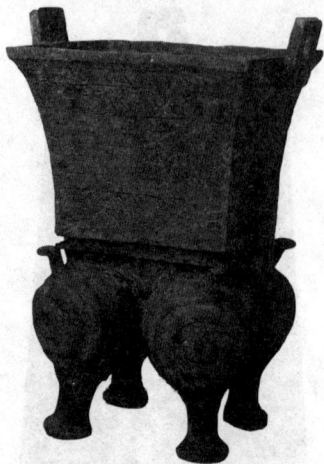

确大量存在，但这是汉字发展的产物，是为了减少笔画或构形美观导致的，也就是说"省"以"不省"为前提。因此，在无法判定一个字的意义时，不要妄下断言，认为是"省"的结果，也许会曲解字的本义。第三，形符在隶变过程中，形态已经发生了变化，许多字不易辨认。例如："烈，从火列声；恭，从心共声。"对于这样的形声字，必须找出其小篆字体，才可探求其真正意义。最后，形符产生于造字之初，人们的认识水平有限。某些形符的类别在造字之初就不是很明确，加之事物本身的变化和人们认识的提高，在类属方面已经转移，例如"鲸"在造字时之所以形符为"鱼"，是因为当时人们误将鲸当做一种鱼。后来，人们才发现鲸是一种哺乳动物。再如，古人认为人的思维活动是通过"心"完成的，因此，诸如"思、想、念"等字都从"心"。另外，有许多同形旁的字并非同类，如"听"和"吹"，虽然都从"口"，但一个表示耳朵的行为，一个表示嘴的行为。同时，不同形旁属于同类的字也大量存在，如从"言"和从"口"的字都表示嘴的行为。

由此看来，只依靠形旁来判断字的意义是不精确的，但总体看来，汉字的表意功能还是很明显的。据统计，在《新华字典》中，以"木"为形符的字，大都是表示某种树，或与"木"有关。以"扌"为形旁的汉字，除了个别几例，都表示与"手"有关的行为。因此，我们在辨认字义时，只根据形符来断定是不太可靠的，但不能否认的是以形符作为一个主要依据对我们了解汉字意义非常重要。

声符有人也称为音符。声符出现得很早，在殷商时期就已经出现了纯粹的表音文字。我们常见的一些动物的名字和叫声，就是单纯的声音符号，这种声符大部分是独体成字。还有另外一种

声符，是作为字的组成部分存在的，常见的声符出现在形声字中，与形符共同构成表达完整的汉字。如前所述，汉字中没有字母，因此，声符数量极大。

与形符一样，声符在几千年的汉字演变过程中也发生了极大的变化。我们从现代汉字入手去了解形声字是远远不够的。古时人们的造字思想与现代人的思维体系存在很大的差距，因此，在这里我们也要略讲一些声符的缺陷，以便读者在今后的学习中有所关注。

声符的局限性首先表现在我们今天所见到的形声字声符被省略了一部分，即省声。例如"荣，桐木也，从木，荧省声；囊，橐也，从橐省，襄省声"等。我们只通过字面的声旁，恐怕无法正确界定字的读音。其次，古今语音系统的差别也是形成汉字读音改变的原因。汉字自创立到定形至今已经有几千年的历史，在这漫长的岁月里，汉字的语音系

统发生了巨大的变化。我们今天读古诗词会发现一些诗歌已经不再合乎韵律，原因就在于此。第三，隶变后的汉字声符已经与先前的形体不同，不易辨识。例如："唐，从口，庚声。"从现代汉语的"唐"来看，我们已经找不到"庚"的影子了。最后，与形符相似的是，汉字造字之初所选择的声符并不十分严格，由于造字时汉字数目少，偶尔会遇到没有同音字的情况，这时就需要选择与其音近的字来代替，因此就造成了混淆。

除了形符和声符单独的局限外，二者的组合也会给读者带来疑惑。声符与形符结合时的位置不固定，对汉字的理解也应在确定声符和形符之后。有的汉字声符兼形符，例如："吏，从一，从史，史亦声；饗，从食，从郷，郷亦声。"另外，有的字既省形又省声，给我们研究汉字的音、义带来了更大的困难。

二、象形

（一）象形字的概说

原始社会，每个部落都有一种图腾，该部落人民认为它能保佑本氏族人民免受外界的干扰，并将该图腾符号画于旗帜上，挂在部落门口。外族人看到这个旗帜，就应该敬而远之。氏族图腾种类繁多，有动物的图像，如牛、羊、虎、鱼和各种鸟类；有植物的图像，如花、草、

树、木；有各种器具的图案，如刀、剑、斧、弓等；此外还有画人形的，这些都是以一个图像为族徽的。有的族徽是几个图像结合在一起组成的。这种族徽最初是氏族的标志，与文字无关，久而久之，它们在不断线条化的过程中，与象形字在形体上就极为接近了，于是便与语言联系了起来。由于这种族徽不能轻易改动，有一定的稳定性，便约定俗成地把它作为记录语言的符号——文字。很多学者将这种族徽认为是文字的原型。象形文字是产生最早的文字，它的数量虽然不多，但是对后来的造字法影响很大，之后的很多字都是以象形字为基础发展起来的。《说文解字》中共收集象形字364个。到了后世，这种造字法逐渐退出了造字舞台，这是由象形字本身的局限造成的。象形字是"画成其物"，但是生活中的事物不能每一种都用线条勾勒得惟妙惟肖。如果笔画过于复杂，就会接近图画；如果线条化明显，就可能失去物体的本来面目，而不容易辨识。另外还有一些抽象的思想活动，是无法用象形法"画"出的。

文字，尤其是象形文字起源于图画。宋代学者郑樵提出"书画同源"的理论，他在《六书略·象形第一》中说："序曰：书与画同出，画取形，书取象，画取多，书取少。凡象形者，皆可画也，不可画则无其书矣。然书穷能变，故画虽取多而得算常少，书虽取少而得算常多。六书也者，皆象形之变也。"郑樵认为书与画同源而异流。文字和图画虽然同源，但是它们之间是有明显界

限的。首先，文字是记录语言的符号，是形、音、义三体结合；而图画没有读音，更没有固定的形体，比如画一头猪，绘画者可以随心所欲地创作，不必拘泥于某种画法。第二，通常情况下，文字笔画较少，是抽象出来的符号，只求形似；图画是具象的，它以大量的线条追求逼真。第三，文字可以分解，可以将不同的文字按照一定的语法规则来表达某种特定的意义；而图画不仅不能分解，也没有一套稳定的语言规则，一般不能组合，即便组合，

也不是为了表意。这些就是文字与图画之间不能逾越的鸿沟。

1959年，考古学者在山东省泰安县大汶口发现了大汶口文化，大约从公元前4040年持续到公元前2240年，近2000年。在出土的陶器中，可以看到很多刻画在上面的符号，被认为是古老的象形文字。在以后出土的甲骨、陶器以及石器中，考古学者对上面的符号进行了研究，推断在一万年以前，象形文字就已经产生了。

（二）我国现存的象形文字

象形文字起源很早，而且除了汉字之外，国外也有很多国家的文字产生于象形。如古埃及的"圣书体"是目前传播最广泛的象形字。汉代汉语中也有象形字的存在，但几经改革，尤其是隶化后的象形字已经看不到象形的影子了。目前我国保存较为完整的象形文字体系应属纳西族的东巴文和水族的水书。

东巴文是云南丽江纳西族所使用的文字。东巴文产生于唐代，文字总数约为1600个。东巴文是我国目前唯一存世的象形汉字。东巴指的是祭司，东巴文实际上是东巴教徒们为了传播东巴教义所使用的文字，是中国文化的重要宝藏，其字体美观，也备受书法家的青睐。东巴文用一个或几个字来表达一句完整的意思，出现的早期是刻在石头和木头上的，目前仍被纳西族人民使用。随着民族的相互交流日益密切，东巴们通过改造东巴文又创造出了格巴文（格巴是东巴的弟子）。

水书又称为"鬼书"或"反书"，是水族古时使用的

文字,字的总数大约为2500个。据说是水族祖先陆铎公为了表示对统治者的不满而创制的。水书中的字形有的类似甲骨文和金文,有的是汉字的反写形式。水书中的象形字一般为有形可依的自然事物,这些符号不仅可以见于木器、石器和陶器上,还可以从水族刺绣中找到。水书可以分为"白书"和"黑书"两类,"白书"主要用于祭祀、丧葬、婚娶、出行等;"黑书"较深奥,有"水书秘笈"之称,用于和"鬼"有关的事。水书记载的内容很多,包括古时的天文、地理、宗教、哲学、祭祀等,主要靠手抄以及口头传授。与东巴文共同保留至今,是我们研究象形字的重要材料。

（三）象形字的构成形式

象形的造字者为了在笔画简省和形象之间寻求平衡，采用了各种造字方式。下面对几种方式进行举例说明。

从造字角度的不同进行分类，象形字可以从多个角度制造，有的字是仰视的，有的字是俯视的，如 云（云）、雨（雨）、雪（雪）等；有的字是从正面看的，如 龟（龟）、鼻（鼻）、

（口）、 （大）等；有的字是从侧面看的，如 （女）、 （龟）、 （马）、 （象）、 （人）等。总之，象形字造字的角度多种多样，不仅不同字可以采用不同的角度进行创造，而且同一个字也有不同角度的字形。

如：龟有正面的 和侧面的 、鱼有头向右侧的 和头向左侧的 、犬有向右侧头的 和向左侧头的 、豕也有向右侧头的 和向左侧头的 。

从象形的比重不同进行分类，并不是所有的象形字都是将原来的物体整体"画"出来，有的只是一部分，还有的要依靠其他的标记才能使人认出，达到造字的目的。从这个角度，象形字可以分为三类。

1. 完全是象形体的汉字

如 ᗰᗰ（山）、ᓚᓕ（门）、Ꮧ（人）、ᗕ（虫）、ᑭ（虹）、ᔕ（鸟）、ᑆ（妻）、ᗰ（鱼）等。

2. 象形体部分是象形的汉字

如 ᚹ（牛）、ᚷ（羊）、ᗴ（车）、ᔕ（马）、ᔕ（虎）、ᔕ（鹿）、ᗰ（网）、�（吕）等。

3. 依附于其他物体的象形字

如 ᗰᗰ（眉）、ᑆ（血）、ᑆ（瓜）、ᑆᑆ（州）、ᗰᗰ（齿）、ᔕ（泉）、ᗰ（牢）、ᔕ（饮）等。

大部分象形字都是为了

寻求简便，尽量将笔画简省，但在有些时候为了表达清楚，必须在已有简化字形上加上一些符号，起到区别作用。可在已有的形符基础上增加或减少笔画以造新字，如在"手"的上面加上两点表示指甲。

（四）象形字的举例

人：甲骨文作 ，《说文》："天地之性最贵者也。此籀文。象臂胫之行。"此字形是人的侧面，强调头部，形体是人的手臂和腿。

牛：甲骨文作 ，《说文》："大牲也。"甲骨文将牛的轮廓画出，并突出了它的角。

鸟：甲骨文作 ，《说文》："长尾禽总名也。"此字形是鸟的轮廓，用一点代表眼睛，下面是鸟的羽毛和爪子。

乌：甲骨文作 ，《说文》："孝鸟也。"乌，就是乌鸦，鸟的一种。这种鸟在小的时候，由大鸟喂养六十天左右，等到它羽毛丰满，可以自己寻找食物的时候，它们就开始喂养大鸟，叫反哺。乌鸦以孝著称，因此叫"孝鸟"。乌鸦全身是黑色的，眼睛也是，所以它的眼睛不像其他鸟的眼睛那样清晰，因此造"乌"字时代表眼睛的一点就不见了。

虎：金文作 ，《说文》："山兽之君。"虎是森林之王，甲骨文的字形从虎头以及身上的花纹着手造字。

象：甲骨文作 ，《说文》："长鼻牙，南越大兽，三年一乳，象耳牙四足之形。"甲骨文"象"字突出了象的鼻子、牙以及四肢。

鱼：甲骨文作 𩵋，《说文》："水虫也。象形。鱼尾与燕尾相似。"此字形上面为鱼头，中间是鱼身，下面是鱼尾。

燕：甲骨文作 𠊪，《说文》："玄鸟也。箭口，布翅，枝尾。"在"燕"字字形中，燕子的嘴像箭一样，左右为翅膀，下面是尾巴。

贝：甲骨文作 𧵑，《说文》："海介虫也。"此字形就像海底的贝壳。

鼠：小篆作 𪕈，《说文》："穴虫之总名也。"这是将鼠立起来看的，上面是头，中间是爪子，下面是尾巴。

屮：甲骨文作 屮，《说文》："草木初生也。象丨出形，有枝茎也。古文或以为草字。"此字形像一棵草刚刚长出来的样子，枝叶尚未茂密。

屯：甲骨文作 ，《说文》："难也。象草木之初生，屯然而难。"此字形像刚从地下长出的小草，枝茎比较弯曲，正艰难地生长。

竹：小篆作 ，《说文》："冬生草也。""梅松竹"素有"岁寒三友"之称，成年的竹子入冬前就能充分木质化，因此可以抵挡寒风。下垂的地方是竹的叶子。

口：甲骨文作 ，《说文》："人所以言食也。"甲骨文"口"字像人嘴的形状，是人说话、吃饭的工具。

齿：甲骨文作 ，《说文》："口蚜骨也。"此字形像嘴里牙的形状。

自：甲骨文作 ，《说文》："鼻也。"甲骨文"自"字像鼻子正面的形状。

角：甲骨文作 ，《说文》："兽角

也。"此字形状类似于刀鱼，是野兽头上长的犄角。

心：小篆作 ，《说文》："人心，土藏，在身之中。"这是人心的形状。

耳：甲骨文作 ，《说文》："主听也。"这个字形像耳朵的形状。由"耳"派生的"取"，意思是在古代战场上，以割取敌人耳朵的数目来记录功绩，"取"为以手割耳之势。

又：甲骨文作 ，《说文》："手也。"此字形像手的形状，并将手指也标出来了。

目：甲骨文作 ，《说文》："人眼。"这是人眼睛的形状。

羽：小篆作 ，《说文》："鸟长毛也。"甲骨文"羽"字用曲线表示鸟毛的末端。

册：甲骨文作 ，《说文》："符命也。"符命是指诸侯要听从大王的调遣，在调遣的时候王应下命令，将命令的内容写在"册"上，"册"就是这个文字载体的形状。

刀：甲骨文作 ，《说文》："兵也。"古代的刀是一种兵器，用在战场上。

皿：甲骨文作 ，《说文》："饭食之用器也。"此字形下面是器具的底座，上面是装饭食的地方。

田：甲骨文作 ，《说文》："陈

也，树谷曰田。"四面被围住，中间种庄稼之形。

日：甲骨文作 ，《说文》："实也，太阳之精不亏。"圆形表示太阳的形状，中间的一点是太阳最亮的地方。

气：小篆作 ，《说文》："云气也。象形。"此字形着重演绎气体流动的形态。

斗：甲骨文作 ，《说文》："两士相对，兵杖在后，象斗之形。"这是两个士兵手持武器在打斗的形状。

包：甲骨文作 ，《说文》："象人裹妊，巳在中，象子未成形也。""包"字形即中间所包的是未成形的孩子。

三、指事

（一）指事字的定义

依许慎讲："指事者，视而可识，察而见意，上下是也。"由于许慎对六书的定义有些简单，容易使后人产生歧义，特别是对于指事这种容易与象形、会意等混淆的造字方法。六书当中，除了转注之外，指事产生的疑问最多。指事字是六书中字数最少的一种，在《说文解字》中仅

收集了129个，同时它又是最难辨认的一种，它与象形、会意都有很多相似之处。指事字之所以会产生歧义，主要是因为它的名字。有的学者认为，指事的"指"应为"稽"，古音同部，可以通假。而稽的意思为"考察、核实、审慎求详"之义。因此，"指事"实为"稽事"，审查事物之义。

（二）指事字的来源

早期的指事字来源于原始的记事符号，其中最具有代表性的就是结绳和八卦。

结绳记事是指在远古时期,人们用在绳子上打结的方式来记事。据民俗学家、人类学家的考证,结绳记事是原始民族记事的主要方式之一。这种方式至今在我国藏族、高山族、独龙族、哈尼族中仍存有一些痕迹。此外,古埃及、古日本、古波斯都曾有过结绳记事的习惯。近代美洲、非洲、大洋洲的土著人也有此风俗。老子提倡毁掉"现有"文明,回到原始时代,其中就有消除文字,回到结绳记事之时。东汉许慎《说文解字·叙》中指出:"及神农氏结绳为治,而统其事。"可见,结绳记事在神农时代就存在。根据以上有关"结绳"的记载,我们大致可以推断:

"结绳"是战国时期盛行的传说,或是远古流传下来的。郑玄的《周易注》:"结绳为约,事大,大结其绳;事小,小结其绳。"这种打结的方式

与后世的金文形体有一定的联系。例如：

"单结表十数（'十'金文写作" "），双结表二十（"廿"金文写作" "），三个结表三十（"卅"金文写作" "）"等。从上面几例中，我们可以推测出当时人们对数目的概念是抽象地记录在绳子上的。有记载说，古人记数用手指为工具，如果十个手指不够，又为了避免记录失误，就依赖于绳子或草茎打个结来表示十，久而久之，"十进制"就形成了。用结绳所记的数目，就是"视而可识，察而见意"的指事字。

八卦相传是由庖牺氏（伏羲氏）所创。许慎《说文解字·叙》云："古者庖牺氏之王天下也，仰则观象于天，俯则观法于地，视鸟兽之文与地之宜，近取诸身，远取诸物，于是始作八卦，以垂宪象。及神农氏，结绳为治而统其事，庶业其繁，饰伪萌生，黄帝之史仓颉，见鸟兽蹄之迹，知分理之可相别异也。初造书契，百工以乂，万品以察，盖取诸'夬'。"依许慎之说，八卦早于结绳。八卦这些符号，是形、音、义的结合，与文字的三要素相符合，因此，有人认为汉字起源于八卦。八卦传达了古代的计算方式，是古代的计数工具。现在发现的商周时期的八卦便是计数符号构成的。所以有学者认为八卦与数字符号都来源于古老的计数法。八卦中的"－－"与"——"等纯符号表达一种抽象的意义，为指事字的产生提供了思想根源。到了氏族社会末期，用这种符号来表达的数字逐渐固定了下来，如一、二、三、四等。

（三）指事字与象形字的关系

　　指事字与带指事性质的象形字之间容易发生混淆。这些象形字一般由象形符号加上不成字的笔画组成，这类字同时兼有象形和指事两种特点，但它属于象形字，而不是指事字。这类象形字与指事字之间有相同点，这两类汉字都是由两部分组成的，即由象形字和不成字的笔画组成，并突出不成字笔画。如"寸"字，小篆作⺕，⺕只是作为一个陪衬，表示寸口的大概位置，而"一"才是寸口所在。但是，如果没有"⺕"，只标明"一"是表达不了完整的意义的。这就表明，在汉字发展的过程中，象形字一

直作为其他造字方式的基础，来造成新字。

　　带有指事性质的象形字与指事字的区别在于这些不成字的笔画在两类汉字中所起的作用不同。在象形字中，笔画作为一个实在的个体，表示整体所表示的事物，之所以要加上象形字，是因为用这些字来标明该事物在整体中所处的位置，使表义功能更加明显。例如"果"字，甲骨文为 ，其中上面的三个小圆圈表示"果实"，也就是说表示"果"字的意义。而指事字则不然，它的不成字笔画不能表义，只能表示该字表示的事物所处的大体位置，不能表示实在的事物。如"刀"，小篆为 ，"刀"上的一点并不是长在刀上的物体，这一点表示的是我们要表达的意义所处的位置。

（四）指事字与会意字的关系

指事字和会意字的相同之处在于二者都是由两个部分构成的。但它们的区别也非常明显。

辨别指事字与会意字，可以从它们的定义入手。指事字只是由不成字的符号加在象形字上，是独体字。如"本"，小篆作 木 ，木下曰本。木下面的"一"，是树根之形。而会意字是由两个或两个以上的字或部件组成，是合体字。从这点出发，可以很容易辨认出。如"尘"，不论是古字还是今字，都是会意字。小篆文作 ，《说文》："鹿行扬土也。从麤、从土。"楷体的尘，上面是"小"，下面是"土"，小的土屑就为"尘"。

（五）指事字的举例

上：甲骨文作 ，《说文》："高也。"小横表示在大横以上的位置，比大横要高。

下：甲骨文作 ，《说文》："底也。"与上正好相反，小横表示在大横以下的位置，比大横要低。

本：小篆文作 ，《说文》："木下曰本。从木，一在其下。""本"下面的小横，指的是树根之形，处于整个树的下

面。

末：甲骨文作 ，《说文》："木上曰末。从木，一在其上。""末"是树上枝干的末梢。

朱：甲骨文作 ，《说文》："赤心木。松柏属。从木，一在其中。"由于心是赤色的，无法写出来，就用一点来表示赤色的位置。

刃：小篆作 ，《说文》："刀坚也。象刀有刃之形。""刀"上的一点，指的是"刃"的位置。也有人认为，"刃"上的一点，像滴血之形，表示兵器上沾血的地方。

寸：甲骨文作 ，《说文》："十分也。人手却一寸。动脉谓之寸口。从又、从一。""寸"上的一点指的是离手腕大约一寸远的位置，叫寸口。

　　<u>旦</u>：金文作 ，《说文》："明也。
从日见一上。一，地也。"日出于地上，就
是早晨，天空明亮的时候。其实"旦"的
本义为太阳刚从地面升起，还有与地面
相连之义。

　　至：甲骨文作 ，《说文》："鸟
飞从高下至地也。从一，一犹地也。"与
"不"相反，"不"指的是鸟飞上天空不
下来，而"至"是将"不"倒过来，鸟向地

面飞过来。

五：甲骨文作 **Ⅹ**，《说文》："五行也。从二，阴阳在天地间交午也。"上下两横表示天地，中间的交叉表示阴阳之气的流通。实际上"五"的古字本作"乂"。

引：甲骨文作 **弓**，《说文》："开弓也。从弓丨。""引"是人拉弓之义，右侧的丨，有人说表示弓箭的弦，有人说表示弓箭的箭。

爪：金文作 **爪**，古"抓"字，像用

手抓东西的样子。后来用来指"爪子"的
"爪",于是就在"爪"的基础上加了形旁
"扌",用来表示抓东西之义。

夕:甲骨文作 ,《说文》:"莫也
二从月半见。""夕"字比"月"少一点,表
示月光较弱,指夜晚。

士:甲骨文作 ,《说文》:"事
也。数始于一,终于十。从一、从十。孔子
曰:'推十合一为士。'"做事也从一开始,
十表示做事大功告成。因此,士的本义就
是做事。

叉:甲骨文作 ,《说文》:"叉,
手指相错也。从又,像叉之
形。"这是在手指间加上一
个标记,但这一点又不是手
指。

四、会意

（一）会意字的概说

依许慎讲，会意是"比类合谊，以见指伪，武信是也"。也就是说将几个字的形体和意义结合在一起，用来表达与两个符号有关的新的意义。会意的产生是以象形、指事为基础的。六书中，会意和形声都是合体字，由两个或两个以上的部件构成，且不含非字部件。会意与象形

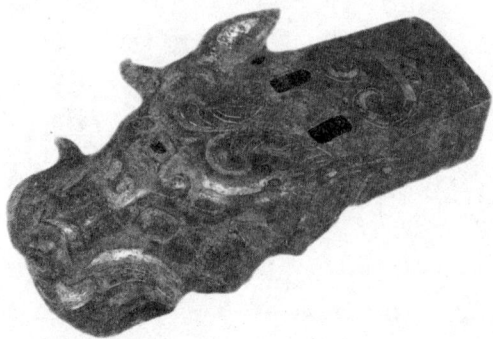

和指事不同的是，象形字和指事字是独体字，古代叫文；而会意字是合体字，古代叫字（《说文解字》指的就是解说独体字与合体字）。会意字与形声字又有本质的不同，会意字的部件都是意符（形符），只能表示该字的意义，而不能表示字的读音；而形声字的部件分为两部分，有形符和声符两部分。会意字的每个部件在取其义时，通常取字的本义。

（二）会意字的特点

1. 会意字有层次

会意由两个或两个以上的意符组成，这些造字部件有的在同一平面上，有的在两个或多个平面上。在同一平面上的会意字只有一层，也叫单层会意字，还有二合会意和多合会意之分，二合会意字是主要的造字方式。二合会意字，如"林"字，是由两个"木"组成，表示树木的繁多。再如"香，芳也。从黍、从甘"。多合会意字有三合会意字、四合会意字、六合会意字等。三合会意字，如"雥，群鸟也。从三隹"。这种构成部件相同的字叫茂文。此外还有"筋，肉之力也。从力、从肉、从竹。竹，物之多筋者"。四合会意字，如"莫，日且冥也。从日在茻中。"

不在同一平面的会意字指的是它的组成部件本身也是一个合体字，也叫多重会意字。凡是从属于合体部首的汉字，都是多重会意字。如"从草、从品、从林部"等的汉字，都是多重会意字。如"莫"，小篆字体为

也，就是"日"在"茻"中，"茻"字本身就是一个会意字，意即"众草也"。多重会意字又可分为以会意字为部件的和以形声字为部件的两种。在《说文》的总结中，以会意字为构字部件的会意字共有102个，如"算、寒、森、闲"等。以形声字为构字部件的会意字有11个，如"羹、敖、毓、实"等。

2. 会意字的意符超出了形符所指范围

通常我们所说的形符和意符没有绝对的界限，但在会意字中有一点要说明，那就是意符不只停留在形符造字时的意义。举个例子来说，如"羴"字，表面上看是羊群，仿佛是羊很多，实则不然，"羴"表示的是"羊臭也"，即很多羊在一起发出了很强烈的味道，而非羊

群。

3. 会意字中有用意符表音的情况

虽然多数的会意字可以比较容易地从形声字中区别出来，但是在会意字中有一种特殊情况，有些会意字的意符有表音功能，这也是会意字与形声字容易混淆之处。如"阱，陷也。从阜从井，井亦声"。

4. 形声字与会意字的转化

随着汉字的发展，出现了形声字与会意字发生转化的情况。有些会意字为了读音方便，加上了一个声符变成了形声字。有的形声字为了书写方便进行了简化，变成了会意字。

（三）会意字的界限混淆问题

《说文解字》中对会意字进行了界

定，但缺乏严格统一的标准，因此后人有混淆的现象。会意字的混淆主要有三种情况：一是会意字与象形字的混淆；二是会意字与指事字的混淆；三是会意字与文的变体之间的混淆。

1. 会意字与象形字的混淆

有的象形字是由意符加上一个非成字部件组成，但之前我们介绍到会意字的部件必须是成字部件，因此这种字属于象形字范畴。如"离"，小篆写为 ，本义为山神兽，其中"中"与部首"中"部只是巧合，因此，它并不是成字部件，所以"离"字是象形字。

2. 会意字与指事字的混淆

会意字与指事字之间的混淆，在指事一章已经有所涉及，因此我们在这里只做简要说明。有些字是由意符加上指事符号构成，但指事符号并非

成字部件，因此这个汉字属于指事字。如"尹"，小篆写为 ，"治也，从又（手）从丿，握事者也。"其中丿虽然是部首，但不是字，所以属于非成字部件，应属于指事字。

3. 会意字与文的变体之间的混淆

有的学者认为，将一个符号换成另一种写法而表示另一个意义采用了会意造字的方式，这种字往往是独体字的变体，指的是将独体字书写的方向加以改动形成的新字，包括反文、倒文、省文、增文等。由于是独体字，所以不是会意字。如"彳，小步也。象人胫三属相连也"，而"亍，步止也。从反、彳"，这两个字形相反，意义也相反。

（四）《说文解字》中的会意字表现形式

《说文解字》中对每一类型的字都有不同的表现形式，如象形字，在字的后面会标明"象形"；形声字的标记为"从×，×声"；会意字的标志分为以下几种。

1. 从×，从×或从××

例1：合，合口也。从亼，从口。

例2：赤，南方色也。从大，从火。

例3：令，发号也。从亼、卪。

2. 从×省，从×，或从×，从×省

例1：保，养也。从人、从㝬省。

例2：苟，自急敕也。从羊省，从包省、口。

3. 从数×

例1：晶，显也。从三白。

例2：毳，兽细毛也。从三毛。

4. 从×从×，×亦声

例1：㚹，币也。从勹，从合，合亦声。

例2：羞，进献也。从羊，羊，所进也；从丑，丑亦声。

5. 描写部件的关系，×亦声

例1：兵，械也。从廾持斤，并力之序。

例2：支，去竹之枝也。从手持半竹。

例3：字，乳也。从子在宀下，子亦声。

（五）会意字的举例

班：小篆作 **班**，《说文》："分端玉。从珏，从刀。""珏"为二玉相合，将刀插在其中间，将其分开，就是"班"。

昔：小篆作 **昔**，《说文》："甘草

也。从艸，从甘。"苷"也就是有甜味的草。

悉：小篆作 ，《说文》："详，尽也。从心、从采。"古字的"采"，意思为辨别，因此"悉"指的是细心地辨别，达到能详尽的水平。

章：小篆作 ，《说文》："乐竟为一章。从音、从十。十，数之终也。"乐曲结束为竟，因此当乐曲结束时叫一章。

内：甲骨文作 ，《说文》："入也。从口，自外而入也。"

央：甲骨文作 ，《说文》："中央也。从大在冂之内，大，人也。"央属冂部，古代"邑外谓之郊，郊外谓之野，野外谓之林，林外谓之冂。象远界也"。古代的冂有从口，像国家的边邑。

囚：小篆作 ，《说文》："击也。

从人在口中。"

旱：小篆作 昂，《说文》："晨
也。从日在甲上。""甲"，在《说文》中解
释为"位东方之孟，阳气萌动，从木戴孚
甲之象。"因此太阳在"甲"之上，表示东
方阳气开始萌动，即为早晨。

表：小篆作 裘，《说文》："上衣
也。从衣、从毛。"古代衣服的内部表面
有一层毛，用来保暖。

磬：甲骨文作 殸，《说文》："乐石
也。从石、殸。""磬"是古代的人击打的
乐石。

庶：小篆作 庶，《说文》："屋下
众也。从广、炗。"先秦的房屋，不论是
百姓还是君主的，都可以叫宫，但秦始皇
统一六国后，规定只有皇上居住的地方
才能叫宫，百姓的叫屋，因此"屋下众"
指的是普通百姓，即庶民。

狱：小篆作 燚，《说文》："确也。从狱、从言。二犬，所以守也。"

规：小篆作 榥，《说文》："有法度也。从夫、从见。"古代男尊女卑的现象非常明显，很多规矩都是为了服从丈夫所设的，孔子的三纲五常中就有"夫为妻纲"，所以妻子没有地位，见到丈夫之后要有一定的礼数。

戍：甲骨文作 戌，《说文》："守边也。从人持戈。""戈"是戟的一种，平头。守边的战士手中持戟保卫边疆。

孙：甲骨文作 觕，《说文》："子之子曰孙。从子、从系。""系"，这里指继。也就是说"孙"是继续祖辈的血脉。

鬼：小篆作 鬼，《说文》："人所归为鬼。从人，象鬼头。鬼阴气贼害，从厶。"由于人们想象中的鬼长得非常可怕，所以上面像鬼头，又因为阴气重，能害

人，所以又有"厶"之意。

为：甲骨文作 ，《说文》："母猴也。其为禽好爪，爪，母猴象也。下腹为母猴形。"古文的"为"，是两只猴子相对的样子。

君：甲骨文作 ，《说文》："尊也。从尹；发号，故从口。""尹，治也"，指掌握权利的人，即君主。又因为君主要发号施令，需要用口来表达，因此，从口。

美：甲骨文作 ，《说文》："甘也。从羊、从大。羊在六畜主给膳也。""美"的意思就是说"羊"主要用来作膳食，味道很好，"美"与善同义。

寡：甲骨文作 ，《说文》："少也。从宀、从颁。颁，分赋也，故为少。"由于分配之后，数量就会变少，因此为"寡"。

罗：甲骨文作 ，《说文》："以丝罟鸟也。从网、从维。""罗"是古代芒氏发明出的。用丝做成网，用来捕鸟。

妻：甲骨文作 ，《说文》："妇，夫齐者也。从女、从中、从又。""又"是持事、操持家务的意思。操持家务本是妻子的责任。

武：甲骨文作 ，《说文》："楚庄王曰：'夫武，定攻戢兵。'故止戈为武。"但这里的"止"并不是停止的意思，"止"是行走之意，因此"止戈"的意思是出兵打仗。

或：甲骨文作 ，《说文》："邦也。从口、从戈，以守一。一，地也。"意思是持戈以卫国。

邕：金文作 ，《说文》："四方有水，自邕城池者。从川、从邑。""川"为贯穿通流水。"邕"就是四方被水环绕的都邑。

联：金文作 𦕅，《说文》："连
也。从耳，耳连于颊也；从丝，丝连不绝
也。"

庆：小篆作 慶，《说文》："行贺人
也。从心、从夊"。古代送礼以鹿皮最为
高贵，因此"庆"字从鹿省。

尘：小篆文作 塵，《说文》："鹿行
扬土也。从麤、从土。"楷体的"尘"字，
仍为会意，上面是"小"，下面是"土"，小
的土屑就为"尘"。

冤：小篆作 冤，《说文》："屈也，
从兔、从冖。兔在冖下，不得走，益屈折
也。"屈折，便要受冤。

穿：小篆作 宣，《说文》："富也，
从宀、从贯。""贯"，货贝，也就是财物。
"宀"下有财物，意为富足。

五、形声

（一）形声字的来源

初期的汉字，大都是形意文字。甲骨文中，象形字和会意字所占的比重非常大，形声字数目很有限。然而表意文字在发展过程中，它的劣势就一点点呈现出来。很多事物不能用形象的汉字描绘出来，一些心理活动更是无法用象形字、会意字等表达。因此，假借字有了发展

空间，在甲骨文时期，有很多假借字。这种方法暂时摆脱了表意文字无法解决的问题，可以不通过造字产生新字，只要音同或音近，能够表达就可以了。但是，假借字的通行，又带来了新的麻烦。一字多义的现象导致同音字泛滥、异体字增多。为了进一步解决这种问题，人们又在假借字的旁边加上一个形符，以区别同音现象。这样，不仅解决了注音问题，也能使人见字识义。这样一步步地演进就形成了"形声字"。早期形声字数目屈指可数，可它的优势是有目共睹的，因此在汉字发展史上，它逐渐成为主流。

依许慎讲，所谓的形声字指的是"以事为名，取譬相成"。其特点是"形声相益"，既有形旁，又有声旁。有的字一半是声旁，一半是形旁。有的则是形旁兼声旁。形声字的产生有以下几种途径。

1. 形意文字增加声符

一些象形、会意字，由于表达意义方面存在缺陷，或容易与其他字音混淆，就在它原字的基础上增加一个声符，形成一个新字。这样，如果是由于字形混淆，也足以区分；如果字音易读错，也可以根据它的声符来纠正。据清代段玉裁推断，上古汉字"同谐声者必同部"，也可以了解到上古形声字字音应该与声符相同，这一观点得到了后来学者的认可。例如：头，繁体为頭，"豆"为声符，"页"为形符。本来"页"

是表示头部
的意思，为象
形字，甲骨文
作 ，后来
又加上了声符
"豆"。再如：
狗，与犬同义。
是在犬的基

础上加了一个声符，来表示读音。

2. 为了区分假借增加形符或声符

在形声字兴起之前，有很多字无法用表意文字造出来，于是有了假借。假借字通常会流行一段时间，就会导致另一个汉字的产生，或本字发生变化，或新字发生变化。如箕，甲骨文作，本字应为"其"，小篆为，后来"其"借为代词，人们就在本义的字形上加了一个形符，用来表示它的材料。《说文》："从竹，其象形。"再如：昏，曾经用来假借为"结婚"的"婚"，后来，人们在昏的基础上加一个形符，来表示与人有关，就成了"婚"。

3. 改变形符形成新的形声字

这种方法是指在已经产生的形声字

的基础上，保留它的声符，而改变其形符，从而形成表示新的意义的形声字，简单地说用同一个声符造出不同意义的形声字，这往往需要一个原字作模板。这个模板又叫"词根"。用这种方式造字非常方便。如以"同"为声符的汉字有：铜、筒、桐、酮、茼等。这种造字法的另一种情况就是同词根，也叫同源字。指很多字不仅在字形上以同一声符表音，而且在意义上也有一定联系。这种情况的形成是因为最早有一个词根，根据这个词根的意义发展出的新字，既保留了原来词根的意义，又加入了自己独特形符的意义。因此它们虽然形符不同，但意义相通。如以"冓"为声符的汉字有構（构）、媾、篝、溝（沟）、講（讲）、購

（购）等。虽然现代汉语中它们的字形、字音都有很大不同，但它们属于同一声符，就说明上古时期它们的读音是相同的。我们再来看每个字的意义。媾，媾和、讲和之意，来源于"冓"；篝，本义指用竹子编成的器具；讲，指的是用语言进行交流、沟通，使双方达到和解；购，买卖双方经过讨价还价，最终达成共识，实现买卖关系。以上几个字都有交流、沟通之意。

有一些形声字是在原字的基础上加上不成部件的符号构成的，这些符号起区别的作用。也有一些形声字逐渐发展，变成了新的形声字的构件，成了较复杂的形声字。如"落"字，是由"艹"和"洛"构成的，"艹"为形符，"洛"为声符。而"洛"字本身又是一个形声字，"氵"为形符, "各" 为声符。这也是形声字发展的一个途径。

另外, 形声字由形符和声符两部分构成, 根据这两部分的组成方式, 可将形声字分为两类。一是有完整形符和声符的, 这类汉字叫正体形声字。如 "忍", "心" 是形符, "刃" 为声符, 从这两个部件形体来看, 都保持了原字的形态。二是形符或声符有简省部分的, 这类叫省体形声字。这类汉字往往不易直接看出形符或声符。如 "斋, 繁体为齋, 从示, 齊省声"。即声符齐被简省了一部分。"珊, 从玉, 删省声"。这两个例子是简省声符的。再如 "覆, 从羉省, 酉声", "瓢, 从瓠省, 贾声"。也有形符和声符都有省略部分的, 如 "襄, 从橐省, 襄省声"。

（二）形声字的特点

形声字有以下三个特点。

第一，形声字是由两个或两个以上的部件构成，是合体字，也叫文。这两个部件，至少有一个是成字部件，如果两个都是非成字部件则是独体字。

第二，形声字中无论是声符和形符单独存在，还是声符与形符同一，都要存在表义部件和表音部件。这与象形字、会意字不同。象形字、会意字的部件是用来表义的，没有表音部件。同时又与完全表音的假借字不同，假借字只有表音功能，和意义无关。

第三，形声字以同根字为基础造字。通常情况下，形声字的字根作为声符，另加的符号为形符。如胡→湖，甬→勇，木→沐等。但是也有以原字为形符的，另外加的部件作为音符。如以"金"为形符的字有：钩、铁、铜、钢等。

　　了解了形声字的特点, 就可以帮助我们学习和记忆汉字。汉字系统中, 有很多字的笔画很复杂, 难记忆, 给我们学习汉字带来一定困难。如果我们了解形声字的体系, 就可以根据声符的声音来推断汉字的读音。记住一个字的读音, 就意味着我们掌握了一系列汉字的读音。当然, 这种捷径不是对所有字都应验的, 但不失为一个好的方法。其次, 学习形声字还可以帮助我们辨别同音字和同义词。

(三) 形声字的局限

　　形声字中虽然存在形符和声符两部分, 可以让我们对汉字的读音和意义有大概的了解, 但是形符

和声符也存在一定的局限。首先，形声字中形符和声符的位置不固定，有上形下声的，如簸、苯、宾等；有下形上声的，如忍、恭、烈等；有左形右声的，如沐、深、江等；有右形左声的，如翻、鸽、判等；有内形外声的，如闻、床、辩等；有外形内声的，如座、围、固等。这些说明不论是形符还是声符，都无法根据其位置来判断。在我们不了解一个字时，特别是形符或声符不明显时，猜测它的读音或意义

容易出错。另外，如第一部分我们所述，形符和声符在发展过程中，有的字形发生了变化，有的字音发生了变化，甚至二者都有变化，导致一些字，虽然有同样的形符，意义却相差很远；也有一些字使用同样的声符，读音却不同。这些问题对于我们第一语言为汉语的学生要相对容易掌握，如果是外国留学生，遇到这样的情况，出错的概率非常大。还有一种情况，两个字形符和声符都相同，但是位置不同，读音和意义差距很大，如：呆和杏，怡和怠等。在汉字没有改革之前也存在同声符和形符，但位置不同仍为同一个字，如概和槩，但这种情况在汉字改革之后大大减少了。

（四）形声字形符和声符的功能

形符的功能分为表意功能和分类功能。

1. 形符的表意功能

形符是用来表示汉字意义的符号, 它只表示字的本义。形符与形声字有以下几种关系。有些形声字的形符是形声字的同义词。这种形符的存在非常普遍, 而且可以从转注字中找到来源。例如"趋"字, 是以"走"为形符的, 却与走同义, 走是趋的被转注字, "目"和"眼"也是如此。有的形声字的形符可能是形声字的上位词, 例如以"水"为形符的字, 江、河、湖、海等。

2. 形符的分类功能

形符的分类功能是以表意功能为基

础的。由于形符的表意功能，可以使很多形声字有共同的义项，就能把这些字按形符归为一类。例如打、拍、抢、拽等，以"扌"为形符，表示一种与手有关的动作行为。这样就使本无联系的字系统化了。汉字中属于同类的事物名称，大多数都是采用这种形式造字的，使汉字本身就可以表明自己的类别。例如属牛部的牡（公牛）、牝（母牛）、牭（四岁牛）等，都与牛有关，是牛的种类。此外，形声字的形符还有辨别同音词的功能。这种字通过声符辨别不了，就要通过形符来辨别意义。如想、湘、箱、厢等，声符相同，但从形符上我们可以分辨它们的意义：想以"心"为形符，就说明它的意义与心理活动有关；湘以"氵"为形符，它的意义就与水有关；箱以"竹"为形符，说明它的意义与竹有关；厢以"厂"为形符，说明它的意义与房屋有关。这样就辨别了它们的意义，在我们使用的时候可以更加

准确。

　　不过随着汉字的发展，形符出现了局限，这在前文中也涉及过。正如第一部分我们所讲，现代汉语中的形符表义是笼统的，有些形符出现省略情况我们无法分析，形符在隶变过程中的变化，以及类别不准确等问题，在形声字的形符中同样存在。此外，形声字的形符在分类过程中有时不够系统。还是以"水"为例，上面所举的汾、江、沮、沅都表示水，只是流经的地域不同，名字也不同。而深、浅、清、浊以"水"为形符，却只表示水的一种特征，并不是水本身。另外，有些形符与意义完全没有关系，也不能表示字的类别，这就会造成误解。如僻、虹等字。

　　声符的功能分为音标功能和溯源功能。

　　造字之初，声符是由于形声字发展分化而来的，因此，声符是与汉字的读音相同或相近的。有的声符只是单纯的表音功能，有的声符表示汉字的来源。

1. 声符的标音功能

单纯的表音声符有时是与形声字的读音完全相同的，有的时候却只是音近。这在之前也已经提及，主要是由于古今音变造成的。不过在造字时也存在例外，在找不到同音字时也会用声音相近的字来代替。依照这种说法，今天我们看到现代汉语中的有些形声字与其声符不同，有的在造字时就已经如此了。再加上省声以及隶变之后，声符与形声字字音不同的现象就更加普遍了。

段玉裁先生认为，声符虽然有标音功能，但是它不能独立地标示形声字的读音，而是依赖于形声字和声符之间的语音关系来提示形声字的读音。也就是说，它不像今天的汉语拼音字母，可以单独标音，随时组合，这就大大降低了声符的功能。每当语音系

统发生变化的时候，一些汉字的字音也会发生变化，因此导致曾同属于一个韵部的字现在变为不同韵部了。不仅如此，声调的变化也是有目共睹的。上古音韵系统分为平声、上声、去声、入声，而现代汉语普通话中分为阴平、阳平、上声、去声，原来的平声分为了阴平和阳平两部分，入声分派到其他四声之中，这就是所谓的"平分阴阳，入派四声"。

既然如此，今天的声符与形声字的关系就存在几种情况。

第一，形声字在造字之初与声符的读音相同，虽然汉字经过多次的变革，但它们的

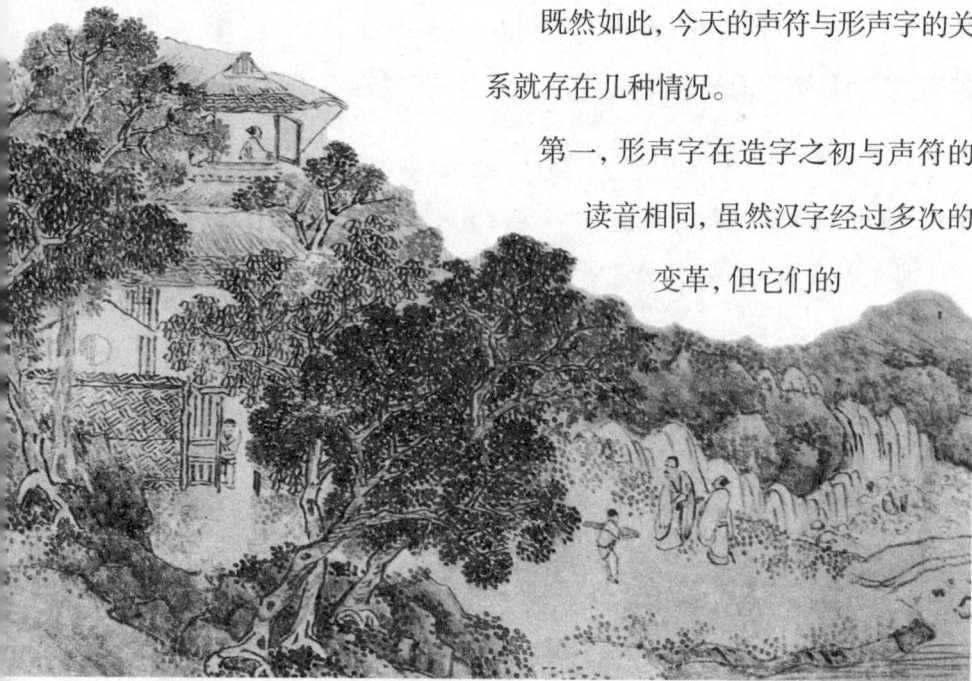

读音却没有变, 保持至今, 因此, 这些字今天与声符的读音仍然相同。

第二, 造字之初, 形声字与声符的读音相同, 在汉字发展的过程中, 声符字发生了音变, 但是, 以声符字造出的形声字也随着声符发生了变化, 因此这些字还保留与声符同样的读音。

第三, 造字之初, 形声字与声符的读音相同, 但在汉字的发展过程中, 声符与形声字走上了不同的道路。也许是其中之一发生了变化, 也许是二者都变化了, 又朝着不同的方向发展。以上两种情况导致今天这些字的读音与声符不同。另外还有一些字, 声符已经不存在了, 今天也看不出它是形声字了。

2. 声符的溯源功能

清代段玉裁曾说: "谐声之偏旁多与

字义相近。"这是有理论依据的。很早就有学者对形声字声符进行研究，刘熙的《释名》中就出现了声训，即沿着声音的线索推求字的意思。其实，早期形声字的产生，就是在记录根字的时候增加形符来记录派生字，这个派生字就是形声字。声符是由根字直接转化的，有很多声符就有了溯源功能。因此，可以根据形声字的声符来推求字的意义。如吕，《说文》："脊骨也。"有相连、并连之义。侣，相伴之义。绍，缝衣服，将两块布连在一起。闾，侣也，二十五家相群侣也。侣、绍、闾的意思都与吕有关。再如：囱，是窗的本字。由于窗户有口，于是又有空的意思，由此引申出悤（古同"聪"，本义是听力好，耳朵是空的），从悤开始加形旁之后变为熜（燃麻蒸也，与麻有关，而麻是一种空心植物）和蓯（葱，葱叶为空），由于葱叶是绿色的，因此，从悤的形声字又多了一个绿色之意，发展成为璁（绿色的玉)和骢(青绿毛色的马),又由璁和骢发展成为縬(青色的丝帛)。璁、骢和縬均是从葱引申而来的。

值得注意的是,并不是所有的形声字的声符都有溯源功能,如进、近等字,声符的溯源功能只表现在同源词形声字中。因此现代汉语中很多同音词本来就是不同义的,也有很多形声字在造字时只是为了找一个声符单纯表音,与意义无关。北宋王子昭提出的"右文说",即"凡字,其类在左,其义在右",这样说未免有些偏执。

六、转注

转注，六书之一，许慎定义为"建类一首，同意相受；考老是也"。"穷则思变，变则通"，当我们生活中遇到阻碍时，我们就要寻求另一种方法来解决。受到变通思想的启发，新的事物不断产生，包括新的造字方法。

（一）转注字的产生

转注是继象形、指事、会意之后产生的一种造字方法，它是由已有的形符、声符孳乳产生的。有很多学者对转注进行研究，也有很多人推测转注的产生原因，归纳起来，有以下几种原因：

第一，方言的存在为转注的产生提供了基础。中国地域广阔，使人们无法生活在一起，南方与北方，东部与西部存在不同的生活方式，这就产生了方言。除了读音不同，很多方言区的用字方式与普通话（即古代官话）也有很大差距。语言史上第一个正式研究方言并写出著作的人当属西汉的扬雄，他用了二十七年时间写成的《方言》为后

人研究上古语音提供了重要的材料。他将古语和今语、官话和方言进行了整理，并从中发现了重要的规律。他第一次用了"转语"的概念，并阐释了转语的示例。后来，这种"转语"的说法被后世的许慎、刘熙等人继承并发扬。而到了元明清时代，语法学家们对转语的认识逐渐缩小了，单纯地把它看作是"因声求义"。这种因声求义也取得了很大的成就，却使转语的研究停滞不前。经过众多学者的分析，推测早期的转语应该是从"音转"开始的。音转指的是被转换的字词意义相同，而且读音相同或相近，如"委蛇"被换成"逶迤"。《方言》中的第二种转语方式为形转。形转的转换字与被转换字之间声音和意义相同，形体上又有一定的联系。《方言》中第三种转语方式是义转。义转指的是转换字与被转换的字意义相同，声音和形体没有关

系。如"趋,走也"。

第二,同一事物名称不同。这是由古今音变造成的。声音发生变化以后,导致重新造字。古代的"舟",现在我们通常叫"船"。

第三,同一类事物分类细化。随着人们认识的逐渐提高,语言也日益丰富,因此在过去用同一个词来表示的类别分出很多小类,将一种事物按特征不同分为不同种类,或将一种动作按程度不同分为不同种类,或将形容词进行细化等。如走、趋、赴等。

通过以上三点,我们可以看到,转注产生的根本原因在于一个意义用多个词来表示。但这些意义来源于一个词根字,通过对词根字的扩展,不断产生新词。如果这个词根字是一个形声字,通常运用变换声符来造成新字,如"吟,呻也"和"呻,吟也"。如果词根字不是形声字,在造字时可以去掉原字的一部

分来加上声符,如"老"派生"考",省略
"匕",加上"丂"而成。

　　所谓的"建类一首,同意相受",指的
是在原字的基础上分出类别,建立新的
部首,意义相通的几个字之间互相解释。
转注字的部首并不局限于《说文》中的
540部,如"逝"和"适"是以"往"为类首
的。有的同一组转注字并不属同一部首。
小篆中"辵"是乍行乍止的意思,"彳"
是小步之意。虽然这两个部首意义不完
全相同,但都含有走的义项,于是很多属
"辵部"和"彳部"的字,可属于一类。

例如"述、遵、徼",均解释为"循也"。但是述、遵属辵部,徼属彳部,而这些字的类首既不是"辵",也不是"彳",而是"循"。不过话说回来,虽可以不属一部,但不能随意转注,要有一定的标准。如上"辵"与"彳"之间的转注是由于两个部首意义有联系。再如"言"和"口"部,都表示与口有关的活动,因此,意义也可相通。但如果分属"口"和"彳"部的字,却不能转注。

(二)几种特殊关系

1. 转注与会意、形声、假借之间的不同

转注与会意、形声、假借之间有很多细微的联系,使我们在辨认时遇到阻碍,因此,我们在这里引用清代曹仁虎先生在对其关系进行研究后总结出的一段话

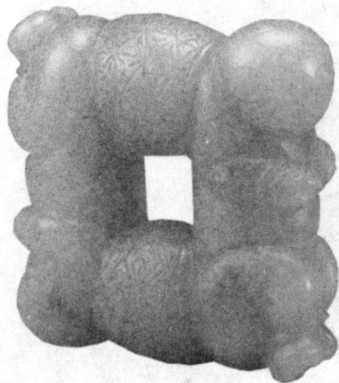

来说明，他说："转注近乎会意，而与会意不同，如以老合丂为考，而考字仍与老同义，会意以此合彼，而各自为义，如止戈为武，而武字已非止字之义……此转注与会意之分也。转注又近乎谐声，而与谐声不同，如考字本有气碍之象，老人的哽噎似之，故以考合丂为老，从丂得声，而仍与老同义，〔篆〕字本有屈曲之象，老人之伛偻似之，故以老合〔篆〕为寿（〔篆〕），从〔篆〕得声，而仍与考同义。谐声者，彼此一主义而一主声，如以水合工为江，工字本无水义，而但取其声；以水合可为河，可字本无水义而但取其声。此转注与谐声之分也。转注义近于假借，而与假借不同，转注者，一义有数文……假借者，一文有数义……此转注与假借之分。"虽然不完全正确，比如形声字的形符，有时也表声，却有助于我们区分转注与会意、形声、假借之间的不同。

2. 转注字与异体字的关系

转注字是异体字形成的一个主要原因，因此它具有异体字的所有特点。但它们的主要区别在于转注字是有构形理据的，异体字并不都有。异体字分为两种，有的是跟六书造字法有联系的，这就是用转注的方法造出的，这些字的造字方式是有理可依的。有一部分异体字，是随意更换符号，没有规律可循的。

3. 转注字与同源字的关系

转注字的来源不仅有理论根据，而且还"建类一首"，因此，与同源字的关系非常密切。王力先生给同源字下过定义，他说："凡音义皆近，音近义同，或义近音同的字，叫做同源字。"

依王力先生讲，同源字是指有同一来源的字。同源字之间一般以某一义项为中心，然后用声音的变化来造新字。而转注字恰恰具有这些特点，因此，转注字也是同源字的一种。根据学者们的研究成果，转注字与同源字可以从以下几种关系中得出结论。第一，同一声符中，同音同义的是转注字，也是同源字。第二，只要字的字音和意义相同，就是转注字，也是同源字。第三，异体字中的转注字也是同源字。以上三点是转注字与同源字的联系，转注字和同源字也有不同的地方。如果只有字音相同，意义相近，不能算作转注字，但可能是同源字。

（三）转注字的举例

例1：语、议、谈

语：《说文》："论也。从言，吾声。"

议：《说文》："语也（一曰谋也）。从言，义声。"

谈：《说文》："语也。从言，炎声。"

显然，议与谈是以"语"为字根发展来的。三者都与语言有关，以言为形符，

但改换了声符发展来的。议与谈都是语的转注字。

例2：火、爇

火：《说文》："爇也。南方之行，炎而上。"

爇：《说文》："火也。从火，爇声。"

唐孔颖达正义有言曰："方言有轻重，故谓'火'为'爇'也。"

二者互相解释，爇是从火孳乳出来的转注字，只是在词源字"火"的基础上增加了一个声符。

例3：芋、莒

芋：《说文》："大叶实根，骇人，故谓之芋也。从艸，亏声。"

莒：《说文》："齐谓芋为莒。从艸，吕声。"

二字之间的转注关系，是因为方言上的差距，芋是古代通语中的用法，莒是齐国方言。它们是方言转注字。

例4：走、趋

走:《说文》:"趋也。从夭止,夭止者屈也。"

趋:《说文》:"走也。从走,刍声。"

可见这两字是由于动作的程度不同,而成为转注字的。"走"与"趋"均有走的意思,依《释名》讲:"徐行曰步,疾行曰趋,疾趋曰走。"其实古代的走为今天的"跑"之义,所以,"步"的动作最慢,徐徐前进才叫步,趋比步的动作要快,而走的速度则更快,相当于今天的跑。

例5:桷、榱、橼

橼:《说文》:"榱也。从木,象声。"

桷:《说文》:"榱也。橼方曰桷。从木,角声。《春秋传》曰:'刻桓公之桷。'"

榱:《说文》:"秦名为屋橼,周谓之榱,齐鲁谓之桷。从木,衰声。"

这三个字本来都是橼的意思,只是各个地方的叫法不同而已。秦叫橼为

榱,周叫橡为榱,齐鲁两地
叫椽。这是方言的差别,而
字的意思并没有差别。

例6: 辠、罪

辠:《说文》:"犯法
也。从辛、从自,言辠人蹙
鼻苦心之忧。秦以辠似皇
字,改为罪。""辛",指的
是秋天时谷物成熟,有辛
辣的味道,能使人流泪。而"自"的本义
是鼻子,所以流泪的原因在于鼻子受到
了辣味的刺激。段注:"辛痛泣出,罪人
之象。凡辠(罪)、宰、辜、辞皆从辛者由
此。"因此,古代人把受罚的滋味表示为
"辛"。

罪:《说文》:"捕鱼竹网。从网、非。
秦以罪为辠字。"

两字的转注关系是由于时代的不同
造成的。

例7: 舜、莽

芔:《说文》:"众草也。从四屮。"

莽:《说文》:"南昌谓犬善逐菟于草中为莽。从犬从芔,芔亦声。"

许慎认为二者均为会意字。有关学者认为,芔指众草之象,而草中的一切事物均属于其中。所以,莽是犬在众草中,犬逐菟,菟也在众草中,因此犬与菟都属于芔中。芔与莽是异形而义同,均指丛生的草。

七、假借

（一）假借字的概说

依许慎讲："假借者，本无其字，依声
托事，令长是也。"假借是用已经存在的
字来表示新词，以全字表音，这与形声字
的声符有所不同。假借的产生是语言日益
丰富的表现。由于语言的发展，词汇越来
越多，但是还没有相应的词来表示，就借
用已经存在的字来表示新词的读音。通

常所借之字都是音同或音近的字。假借的出现是上古文字由表义到记音符号的过渡。过去用象形、会意等表义的造字法时，经常会遇到很多词无法表达，而假借的存在恰恰弥补了这个空缺。孙诒让在他的《与王子壮论假借书》中指出："天下之事无穷，造字之初，苟无假借一例，则逐字而为之字，而字有不可胜造之数，此必穷之数也，故依声而托托以事焉，视之不必是其字，而言之则其声也；闻之足以相喻，用之可以不尽；是假借可以救造字之穷而通其变。"几句话指明了假借存在的必要。假借字产生得很早，早在甲骨文时期，假借字就大量存在，甲骨文常用字中假借字达到70%。这说明汉字造字法表音倾向已经很明显了。

汉字发展到战国时期，假借字不断增多，形声字也在逐渐走上主流，这必然会导致与假借字竞争。

但此时，形声字的比重还无法与假借字相比。但到了许慎《说文解字》时，形声字已经达到了80%。宋代以后，形声字的数目就更多了。另外很多文字在从表意文字到表音文字的过程中也有假借现象。

假借字有三种形式。第一，借用本字，习惯之后，字与本义逐渐脱离了，本义需要另造新字。如"然"，本来是表示"燃火"的"燃"，后假借为"然后"的"然"，而在发展中，然与"点燃"之意越来越远，而习惯用于"然后"的"然"了，"点燃"之意再加一个形符"火"来表示，反倒比本字更合适。第二，与第一种恰相反，本字被借用了以后，又还了回来，借义新造字。如"昏"字，曾经用来借指"结婚"的"婚"，由于"婚"与女子有关，于是在"昏"的基础上加了形符，构成了新字"婚"，"昏"就又回到了原来的位

置，用"婚"来表示婚娶之义。再如"而"，本义是胡须，后假借为"然而"的"而"，久而久之，"胡须"之义不见了，但是"然而"的"而"却固定了下来。这两种情况被称为"古今字"。第三，一个字被借，既表示本义，又表示借义。一般表现为现在的多音字。如"长"，本义为"久远也"，后来就假借为"长老"的"长"，而且直到现在，此意义仍然存在。

假借字之所以逐渐被形声字淘汰出局，主要在于假借字的弊端。首先，假借字的产生造成了一字多义现象，使我们在阅读文章时会遇到一些不必要的麻烦，并且意义容易混淆。第二，假借字只能同音假借，也就是说只要音同或音近就可以假借，和意义没有关系。而形声字有形符和声符，它既有表音成分，也有表义成分。因此形声字可以弥补假借字不借意

义的不足，于是在后来的汉字发展中，形
声字逐渐超越了假借字的地位。如果假
借字继续发展，那么汉字很可能发展成
为纯字母表音文字。

（二）研究假借字的意义

在先秦时期，假借的现象非常普遍，
古代经典文献中存在大量的假借字，如
果对假借的知识不太了解，那么就会使我

们曲解文章的本义，因此，掌握假借字最重要的一点就是可以帮我们读懂古书。大量假借字的存在，不仅干扰了我们对古典文学的学习，而且有时还会造成我们对文字使用规范的混淆。20世纪50年代我国开始了汉字改革，在改革中，对于假借字进行了整理。这不仅减轻了学生学习上的负担，对于汉字的发展也起了积极作用。在汉字这个庞大的系统中，一字多义、多字一义的现象普遍存在，使整个汉字系统十分混乱，这势必要进行改革。而改革的前提是要熟悉假借的原理，否则毫无作用。假借字的研究对于研究古代音韵学提供了一定的材料。语音的发展不像字形，后世人可以有据可依，语音是随着时代的进步逐渐变化，尤其在上古时期，没有先进的仪器，无法将语音记录下来。而假借字恰恰是同音假借，或音近假借，这样我们就可以根据现在字的语音推测古代的读音，哪些同音，哪些音近，从而构拟古代的语音系统。这些材料也可以从形声字中获得，或者结合二者进行研究。近代的王力先生等人构拟的上古韵部和声韵都离不开假借字和形声字。

（三）假借字的举例

我：甲骨文作 ，本为象形字，表示有柄的刀锯，甲骨卜辞假借为第一人称代词。《说文》："我，施身自谓也。"其本义为兵器，已经被假借义代替。

汝：甲骨文作 ，本义指水的名字。《说文》："水。出弘农卢氏还归山，东入淮。"出于今河南，入安徽淮河，是淮河的支流。后假借为第二人称

代词，如"汝安知鱼乐"。汝本义仍存在，但更多时表示人称代词。

骄：金文作 ，本义指高大的马，《说文》："骄，马高六尺为骄。"如"四牡有骄"。后来，假借为"骄傲"的"骄"，如"骄兵必败"，本义几乎不再使用，借义代替了本义。

西：甲骨文作 ，《说文》："西，鸟在巢上，象形。日在西方而鸟栖，故因以为东西之西。"这也是对文字的误解，其实只是假借，与意义无关。因为音同，而依声借字的。

来：甲骨文作 ，像麦子的形状，本义为成熟的麦子，是象形。《说文》："来，周所受瑞麦来麰，以来二缝，像芒束之形。天所来也，故为行来之来。"但后来的学者认为，来借为"行来"之"来"，

完全是因为音同。来，指的是祖上
甾卜的好的麦种，而不是天之所
来。

丁：甲骨文作 ⬜ ，本义为钉
子，现在的字形仍能看出一面是尖
的。《说文》："丁，钻也。象形。今
俗以钉为之，其质用金或竹，若木。"
后来假借为"甲乙丙丁"之"丁"，如
"夏，四月，丁未，公及郑伯盟于越"。本
义逐渐脱离了本字，现在已经不用来表
示钉子了。

北：甲骨文作 𠨎 ，字形上分析为
两个人背靠背站着。本义为"相背"，《说
文》："茈也，从二人相背。"后假借为
表示方位的北，"相背"之意又造出新字
"背"，"北"用来表示方位就固定了下
来。

斤：甲骨文作 𠂆 ，本是斧头的象

形。《说文》："斤，斫木斧也。象形。"《孟子·梁惠王》中有："斧斤以时入山林。"指的是砍伐树木要按照一定的时间。后来，由于没有表示重量的"jin"，就将"斤"借用为表示度量单位，从此，用"斤"来表示"斧头"之意的情况不多见了。

叔：金文作 㪽，本义为用手拾。左边的"尗"，《说文》："豆也。象尗豆生之形也。"右边为手。"叔"字指的是用手拾取掉在地上的庄稼。《诗经》中有"九月叔苴"。后来借用为"叔父"的"叔"，而不用来表示"拾取"之意了。

孰：金文作 孰，本义是指食物加热到可以吃的程度。《说文》："孰，食饪也。"如"群生而万民殖，五谷孰而草木茂"。由于没有用来表示疑问代词"谁"的，因而就用"孰"来代替，如"吾与徐公孰美"。后来又没有造出新字来表示，就

沿用至今，又造出"熟"字来表示"孰"的
本义。

锡：金文作 ，本义为一种金属，
《说文》："锡，银铅之间也。"后假借为
"赐"，如《公羊传·庄公元年》："王使
荣叔来锡桓公命。锡者何？赐也。"

时：甲骨文作 ，本义为季节。
《说文》："时，四时也。"上古"时"与
"是"音近，因此又假借为"是"。如《尚
书·汤誓》："时日何丧？"而《史记·殷本
纪》中则为："是日何时丧。"说明"时"
曾经假借为"是"。

率：甲骨文作 ，本义为捕鸟用的
网。《说文》："率，捕鸟毕也。象丝网，上
下其杆柄也。"借用为"述"表示遵循之
意。如"周仁之谓信，率义之谓勇"。意思
是说亲善仁爱之人才守信，行仁义才是
勇。

自：甲骨文作 ，本义为鼻子。《说文》："鼻也。象鼻形。"因为人们用来表示自己的时候，通常用手指自己的鼻子，就假借为"自己"之义。久而久之，用"自"来表示鼻子的意思就很少见了。

亦：甲骨文作 ，本义为腋。字音与表示"也"的字音相近，就假借为虚词"亦"。后来又造出"腋"字来表示"亦"的本义。

不：甲骨文作 ，本义为鄂足。《说文》："鄂足也。草木房为柎，一曰花下萼，通'不'，即今言华蒂也"。而《说文》对"不"有误解，认为"不，鸟飞上翔不下来也"。后来，人们只知道"不"是否定副词，但它的本义却被人们忽略了。

焉：金文作 ，本义是一种鸟的名字。《说文》："焉，焉鸟，黄色，出于江淮。象形。凡字：朋者，羽虫之属；鸟者，曰中之禽；鴞者，知太岁之所在；燕者，请子之候，作巢僻戊巳。所贵者，故皆象形。焉亦是也。"后来，"焉"假借为代词或语气词，本义逐渐消失。

足：甲骨文作 ，本义为手足之足。《说文》："人之足也。在下。"如《韩非子》："郑人有欲买履，先自度其足而置之其坐。"后借来表示"足够、富足"之义。如《庄子》："古之畜天下者，无欲而天下足。"

索：小篆作 ，本义为"绳索"之"索"。《说文》："索，草有茎叶可作绳索。"如《诗经·豳风》："昼尔于茅，宵而索綯。"后来，"索"借指"求索"之"索"，如《离骚》："路曼曼其修远兮，吾将上下而求索。"

葵：小篆作 ，本义是一种植物。《说文》："葵，菜也。"如"向日葵"。假借为"揆"，动词，审度。如"乐只君子，天子葵之"。

八、《说文解字》的相关问题

（一）《说文解字》概说

《说文解字》是我国第一部分析字形、解说字义、辨别读音的字典，在中国古代语言学史上占有极其重要的地位。

《说文解字》简称《说文》，作者为东汉许慎。许慎，字叔重，汝南郡召陵人。范晔《后汉书·儒林传》中记载："慎性实笃，少博学经籍，马融常推之。时人

为之语曰：'五经无双许叔重。'以五经传说臧否不同，于是撰写《五经异义》，又做《说文解字》十四篇，皆传于世。"许慎曾师从著名的古文经学家贾逵，为他创作《说文》奠定了良好的学术基础。

《说文》共十四卷，叙目一卷，每卷又分上、下，收字9353个，重文1163个。按文字部首及偏旁分古文字540部，最早开创了部首编排法。各部首排列顺序为"始一终亥"，"一"部列为540部之首，"亥"部收尾。《说文》每一部都先介绍本字，而后介绍属于该部的其他汉字。如"一"部，作者先将"一"介绍给读者，然后引入"元、天、丕、吏"等。同时，同一部中，许慎往往将意义相近的字归在一起。《说文》全书采用小篆字体，因此，《说文》中的部首分类是按照小篆部首进行的。而随着汉字的发展、简化和人们认识的提高，很多字已经和原来的部首或偏旁产生了异化。因此，在读《说文》时，不能按照现代汉语汉字来推断古文字的部首，这样在《说文》中查找时会有很大的麻烦。例如"相"字，我们在现代汉语词典中要查"木"部，而在《说文》中要查"目"部。再如"羔"字，《说文》属羊部，而现代汉语中属"灬"。另外，《说文》中解释字时，先有反切标音，然后解释词义。

（二）六书

至于《说文》的分部问题，"六书"是不能回避的，《说文》就是按照六书进行分类的。六书最早见于《汉书·艺文志》："古者八岁入小学，故周官保氏掌养

国子，教之六书，谓之象形、象事、象意、象声、转注、假借，造字之本也。"到了郑众笔下的六书则为：象形、会意、转注、处事、假借、谐声。许慎在《说文解字·序》中第一次为六书定义，并举出例字："一曰指事。指事者，视而可识，察而见意，上下是也。二曰象形。象形者，画成其物，随体诘诎，日月是也。三曰形声。形声者，以事为名，取譬相成，江河是也。四曰会意。会意者，比类合谊，以见指伪，武信是也。五曰转注。转注者，建类一首，同意相受，考老是也。六曰假借。假借者，本无其字，依声托事，令长是也。"后人一般采用许慎的定义，沿用班固的六书顺序。由于之前已经有大量的篇幅来说明六书问题，这里只做简单总结。

1. 象形字

象形字主要来源于图画，但与图画
又有本质的区别。字是大体勾勒出物体
的轮廓，以便见形知物。例如："爪，侧
狡切，丮也。覆手曰爪。象形，凡爪之属
从爪。"象形字在解说中往往是标明的。
象形字除了画成其物之外，还有由部首
代整体的，或省多为少，求其简
明易写。如"羊"写作"羊"，
"祥也，从蓳，象头角足尾之
形"。显然，只是用羊的身体的
一部分（头、角）来代替整个
羊。再如"木"，本指树木的枝
叶和根部很繁盛，而甲骨文作
"木"，以枝干代替整棵树。
相反，象形中为了对一些不易识别的字
进行辨认，也出现了笔画较多的现象。
例如"石"字，本以"口"代替，可是由于从
"口"的字太多，便不得不在"口"外再加
上"厂"字，形成今天我们多见的"石"。

2. 指事字

指事字分为独体指事字和复体指事字。如"丩"，小篆写作

"𠃏"。像两个物体互相纠缠之形。《说文》解释为："丩，相纠缭也。一曰瓜瓠纠结丩起。"加体指事，即在原有独体字基础上加上一个标识符号。如"寸"字，小篆作"𡭔"。《说文》中说："寸，十分也。人手却一寸动脉谓之寸口。从又，从一。"寸口是中医动脉部位的名称之一，于腕下一寸处，这一画只是作为标记符号，并非从一。

3. 会意字

会意字是合文成字的。由形符、义符组成。而不论哪种符号，都基本上还是一些图形符号。如"饮"字，小篆写成

"𩚜"，"歠也，从欠，含声"。

4. 形声字

形声字在《说义》中所占的比例最大，因为形声这种造字方式是最多产的。形声字分为形符和声符两部分。形符表形，声符表音。例如"注，灌也。从水，主声"。"扶，左也。从手，夫声"。

5. 转注字

六书造字说是在汉字出现以后才有的，而非是造字之前的一套规则，是在有本字后又造出的字。转注字出现多数是同一事物，而表示的方式不同。例如"走"与"趋"，《说文》："走，趋也。从夭止，夭止者屈也。"又"趋，走也。从走，刍声"。"走"与"趋"表示同一意义，只是字形有些差别。据后世学者研究，造成转注字的原因大体有三：一是由于方言的

存在，必然产生不用同一字形表示同一事物；二是由于古今音变而又造字；三是由于社会的发展，人类的认识由简趋繁，对各种事态的观察逐渐深入，出现了不同的表达方式。

6. 假借字

假借字的产生是由于新事物的产生早于新字的产生。人们于是用已有的字来标记新事物。假借字出现很早，在甲骨文中就存在大量的假借字。主要是借用声同或声近的字。例如"汝"，本来指水名。《说文》："出弘农卢氏还归山，东入淮。从水，女声。"后假借为第二人称代词，虽本义仍然存在，但远没有第二人称应用的广泛。

（三）《说文》的贡献

1.《说文》首创部首分部法

在《说文》之前就有大量的字书存在，如《史籀篇》《急救篇》等。有些已经亡佚，尚存的《急救篇》仍然不能成为体系明确的字典，直至许慎首创了按部首编排字书体例的形式，为后世在字书编排方面提供了很好的模式，其部首分部直至今天仍被采用，只是在分部的基础上有所改进。

2.许慎在推求字义方面见解独到

在字义解释方面，许慎竭力推求字的本义，汉字是表意文字，造字之初字形多表本义，其他引申大都是以本义为起点发展来的。因此，讲求字的本义，有助于我

们了解汉字的发展历程。另外，许慎对字义的解释比较详尽，并进行形象的叙述，使读者一目了然，避免对字的误解。

3.《说文》为汉字形体和字音研究保存了大量的资料

许慎研究汉字，不仅研究字义本身，同时也结合了形体和字音。《说文》通篇为小篆字体，全书收字9353个，重文1163个，是我们今天研究古文字字形的重要宝库。

古音韵学的研究是从顾炎武研究《诗经》开始的，他在研究《诗经》与《楚辞》的过程中遇到的困难，段玉裁在研究《说文》时得到了答案。段玉裁认为《说文》中七千多形声字，其声符是研究上古语音的重要资料，因为"同谐声者必同部"，以此使谐声偏旁的范围不断扩大。

4.《说文》的问世对文字的使用起到了规范的作用

春秋战国时期，由于政权分裂，文字异形现象层出不穷，秦朝的"书同文"政策对文字进行了统一。到许慎时期，由于文字的发展，外加古文经学与今文经学之争，又一次导致了文字使用的混乱。许慎不满于这种状态，于是作《说文》对汉字加以规范。在对文字进行整理的同时，又以篆文为主要形体，把古文、籀文、篆文列为重文，使人们使用汉字不断趋于规范。

（四）《说文》的局限

《说文》虽然是古代字书中的扛鼎之作，但由于种种局限，该书尚存不足之处。

《说文》是为封建统治阶级服务的。《说文》本身是为《五经》所作，本质上许慎是一位经学家，他在训字释义时，融入了自己的见解和思想观

念,例如:"王,天下所归往也。"在声训上也体现了他的思想:"君,尊也,妇,服也。"

《说文》中还表现了作者的历史唯心主义的思想倾向。许慎想与唯心主义相对立,但是他还是没有走出唯心的圈子。

《说文》在说解字形和词义方面存在错误,由于《说文》是根据小篆字形写成的字书,离早期文字有两千多年,因此许多字的字形发生了变化,已经找不到汉字初创时的本义了。

《说文》在编排体例上存在问题:一是全书部首应从实际需要出发,在540部中,有一些只列部首,其下无字,又叫"虚张",是虚设部首。如:三、才、久、克、录等。二是《说文》对个别字的归部也有些混乱。例如右部,既归入口部,又归入又部。